Les Pères de l'Église

Saint Hippolyte

Édition : BoD · Books on Demand, 31 avenue Saint-Rémy,
57600 Forbach, bod@bod.fr
Impression: Libri Plureos GmbH, Friedensallee 273,
22763 Hamburg (Allemagne)
ISBN : 978-2-3225-5946-6
Dépôt légal : Décembre 2024

DÉMONSTRATION DU CHRIST ET DE L'ANTECHRIST

PAR SAINT HIPPOLYTE.

———

Vous m'avez souvent demandé, mon cher frère Théophile, de vous donner des éclaircissements sur les principales propositions que j'avais livrées à vos méditations ; je me rends enfin à votre désir, sur un sujet si digne de nous occuper ; et c'est en puisant dans les saintes Écritures, comme dans une source sacrée, les preuves dont j'ai besoin, que je rendrai présents à votre esprit tous les côtés du sujet en discussion. C'est ainsi que, loin de vous contenter de quelques vains sons qui frappent votre oreille, votre esprit pénétrera dans l'essence intime des choses, et votre admiration vous fournira un nouveau sujet de louanges envers Dieu. J'ai lieu d'espérer que cette étude, en fortifiant votre esprit et en jetant dans votre cœur, comme dans une terre toute préparée, une semence féconde, vous servira de sauvegarde à l'avenir contre les dangers du monde ; elle vous fournira aussi des armes pour triompher de ceux qui refusent de croire à nos salutaires doctrines. Prenez garde, toutefois, de vous exposer aux morsures des langues méchantes des incrédules, (car c'est un redoutable écueil ;) mais ayez soin de ne livrer vos enseignements qu'à des hommes religieux et fidèles, et qui ont le désir de marcher saintement dans les voies de la justice et de la crainte de Dieu ; car c'est avec raison que le bienheureux apôtre saint Paul, s'adressant à Timothée, a dit : « Ô Timothée[1] ! gardez bien le dépôt qui vous a été confié, évitant avec soin les paroles vaines et profanes, et les disputes qu'on décore du faux nom de science ; car plusieurs ont erré en s'y abandonnant. » Et plus loin il ajoute : « Quant à vous, mon fils, fortifiez-vous par la grâce qui est en Jésus-Christ, et ayez soin de recommander aux hommes fidèles, qui seront capables de les communiquer à d'autres, les choses que je vous ai dites dans mes exhortations particulières[2]. » Lors donc que le bienheureux Apôtre ne livrait qu'avec précaution et crainte la connaissance des choses qui sont à la portée de tous, prévoyant qu'elles ne trouveraient pas créance dans tous les esprits, à quels plus grands dangers ne nous exposerions-nous pas, si, légèrement et sans nécessité, nous allions révéler aux profanes et aux indignes les plus hauts mystères de la Religion[3] !

II. Nous prendrons pour guides et pour flambeaux les saints prophètes qui, par leur foi dans le Verbe, ont entrevu les mystères, qui ont raconté le passé, le présent et l'avenir ; c'est par là qu'ils ont été non-seulement les hommes de leur siècle, mais encore les hommes des âges futurs. Remplis de l'esprit de prophétie, inspirés par le Verbe, ils étaient eux-mêmes comme un instrument harmonieux que Dieu faisait résonner, et dont il se servait pour annoncer au monde ses volontés et ses desseins. Et certes, il ne faut point croire que, s'ils parlaient de l'avenir, ce fût de leur propre mouvement ; mais c'était la sagesse même du Verbe qui parlait par leur bouche, et qui, après avoir dévoilé à leur esprit les choses futures, les chargeait de les révéler[4]. Il faut donc admettre que les choses qu'ils voyaient avec les yeux de la foi, et que Dieu leur manifestait pour les révéler ensuite, étaient des choses cachées au vulgaire. Car pourquoi aurait-on donné le nom de prophète à un prophète, si ce n'est parce qu'animé de l'esprit de Dieu, il possédait le don de prédire l'avenir ? Car le prophète lui-même cesse d'être prophète lorsqu'il parle d'un événement qui est à la connaissance de tous ; mais il est reconnu pour prophète du moment où il annonce les choses futures. C'est pour cela que le nom de *prophète* signifie, ceux qui *voient depuis le principe des choses*[5]. Quant à nous, instruits par leurs prophéties, ce n'est point notre sentiment particulier que nous exposons ; car nous ne devons pas chercher à exprimer dans des termes inusités les choses qui nous ont été annoncées, et tomber ainsi dans des explications arbitraires que chacun entend selon qu'il lui convient ; car c'est le devoir de celui qui parle d'exposer fidèlement les choses qu'il est chargé de faire connaître ; et celui qui l'écoute doit tâcher de mettre à profit ce qu'il entend. Ils ont donc l'un et l'autre un devoir à remplir : l'orateur doit s'expliquer sans contrainte et en toute liberté ; et quant à celui qui l'écoute, il doit recevoir avec une foi entière les choses qui lui sont dites ; c'est dans ces dispositions, et après avoir adressé votre prière à Dieu, que je vous prie de vouloir bien m'écouter.

III. Vous désirez connaître comment le Verbe de Dieu, s'assujétissant à la volonté de Dieu, après avoir été jusque là le Verbe tout-puissant, se manifesta jadis aux saints prophètes[6]. Remarquons d'abord, et avant d'aller plus loin, que le Verbe, dans sa miséricorde infinie, ne fait acception de personne ; connaissant la faiblesse humaine, il se sert du ministère de tous les saints ; il les éclaire et leur inspire ce qu'ils doivent nous enseigner, afin que nous arrivions à notre salut éternel. Ils se plaît à instruire les ignorants, à ramener dans la bonne voie ceux qui s'égarent. Il se laisse facilement trouver par ceux qui le cherchent avec foi ; il ne tarde pas d'ouvrir sa porte à ceux qui viennent y frapper avec des pensées pures et un cœur chaste. Car il ne repousse aucun de ses serviteurs comme indigne des divins mystères. Il ne fait pas plus de cas du riche que du pauvre, et il ne méprise pas le pauvre à cause de sa pauvreté. Il ne reproche pas sa barbarie à celui qui est barbare, et il ne rejette pas l'eunuque comme n'étant pas un homme complet. Il ne hait pas la femme dont la désobéissance produisit le péché originel, et il ne condamne pas l'homme à l'opprobre, parce qu'il viola la loi qui lui avait été donnée : mais il ouvre à tous le trésor de ses miséricordes, et il désire les sauver tous. Il offre son aide à tous les enfants de Dieu, et il confond tous les saints dans l'idée d'une seule et unique perfection. Car lui seul est le Fils de Dieu, et c'est par sa grâce et par celle de l'Esprit saint qu'après avoir été purifiés dans notre régénération, nous espérons tous arriver un jour à cette même et unique perfection.

IV. Le Verbe était incorporel avant qu'il vînt revêtir sa chair sacrée dans le sein de la sainte Vierge, formant lui-même le vêtement qui devait être déchiré et mis en lambeaux sur l'arbre de la croix. C'est ainsi qu'il fit participer notre corps mortel à sa propre vertu ; il rendit incorruptible ce qui était sujet à la corruption ; il rendit fort ce qui était faible ; il donna le salut à ce qui avait péri. La passion peut donc être comparée au tisserand qui a tissu la robe qui devait être déchirée sur la croix ; les fils qui la composent, c'est la vertu de l'Esprit saint ; la trame, c'est sa chair sacrée formée par le Saint-Esprit, et dont les différentes parties sont liées entre elles par la divine charité du Christ ; l'instrument qui enlace les fils, c'est le Verbe ; enfin, les ouvriers de cette tunique sacrée, ce sont les patriarches et les prophètes ; car c'est par leurs prédictions que la puissance du Verbe a pénétré de toutes parts comme des rayons de lumière, pour arriver ainsi au parfait accomplissement des desseins de son Père.

V. Mais il est temps d'aborder le sujet que nous nous sommes proposé d'expliquer ; et après avoir rendu grâce à la gloire du Tout-Puissant dans le commencement de ce discours, nous allons interroger les saintes Écritures, qui nous apprendront ce qu'il faut entendre par la venue de l'Antechrist ; dans quel temps, dans quel âge du monde doit-il apparaître[7], d'où viendra-t-il, quelle sera sa patrie, quel sera son véritable nom, que les Écritures se contentent d'indiquer par un nombre ; comment entraînera-t-il les peuples dans l'erreur, les rassemblant sous le même étendard de tous les bouts du monde ; de quelles tribulations, de quelles persécutions affligera-t-il les saints, et comment se fera-t-il passer lui-même pour un Dieu ; quelle sera sa fin ; comment s'annoncera la venue du Seigneur du haut des cieux, ainsi que la conflagration générale de l'univers ; quel sera le règne glorieux et céleste des saints ayant le Christ à leur tête, et comment s'effectuera le châtiment des impies par le feu ?

VI. Notre Seigneur Jésus-Christ est annoncé dans sa venue semblable à un lion[8], à cause de la hauteur et de la splendeur de sa gloire ; les Écritures désignent aussi l'Antechrist sous la figure du lion, à raison de sa tyrannie et de sa violence. Car le tentateur voudrait se montrer en tout semblable au Fils de Dieu. Le Christ est un lion, l'Antechrist est pareillement un lion : le Christ est roi, l'Antechrist est roi ; le Seigneur s'est montré comme un agneau[9], l'Antechrist cachera sa nature de loup sous la douceur d'un agneau. Le Sauveur a été circoncis lors de sa venue dans le monde ; l'Antechrist le sera pareillement. Le Seigneur a envoyé ses apôtres prêcher toutes les nations ; il enverra aussi en tous lieux de faux apôtres. Le Sauveur[10] est venu ramener au bercail les brebis égarées ; l'Antechrist rassemblera également autour de lui ceux des siens qui seront dispersés. Le Sauveur a donné à ses fidèles un signe de ralliement ; il en donnera un également aux siens. Le Sauveur s'est montré sur la terre sous une forme humaine ; l'Antechrist viendra sous la même forme. Le Sauveur a construit un temple avec sa chair[11] ; l'Antechrist construira aussi un temple à Jérusalem. Nous énumèrerons plus loin tous les artifices qu'il emploiera pour séduire. Reprenons quant à présent le sujet que nous avons annoncé.

VII. Lorsque le patriarche Jacob donna sa bénédiction à ses enfants, il prophétisa la venue du Sauveur du monde, en ces termes : « Juda, tes frères chanteront tes louanges. Tes ennemis éprouveront la pesanteur de ton bras : les fils de ton père t'adoreront. Juda est semblable à un lionceau. Dans ton repos, tu t'es endormi comme un lion et comme le petit d'une lionne : qui l'éveillera ? Le sceptre et la puissance resteront dans la tribu de Juda, jusqu'à ce que celui qui doit être envoyé soit venu, et il sera l'attente des nations. Il attachera son ânesse à une vigne par son licol, et son ânon à un cep de vigne. Il lavera sa robe dans le vin, et son manteau dans le sang du raisin. Ses yeux seront plus rouges que le vin, et ses dents seront plus blanches que le lait[12]. »

VIII. J'aurais pu rapporter ces paroles avec des expressions équivalentes ; j'ai préféré vous faire connaître le texte même. La parole divine a une puissance particulière de persuasion. Celles que je viens de citer sont divines et sublimes, et elles s'expliquent naturellement. Le prophète désigne par un lionceau celui qui est de la race de David selon la chair, bien qu'il n'ait pas été engendré de la semence de David, mais il a été conçu du Saint-Esprit, et il procède d'un germe sanctifié, quoiqu'il appartienne à la terre. Ce qui était annoncé par Isaïe en ces termes : « Une verge sortira de la tige de Jessé, et une fleur naîtra d'elle[13]. » Ce que Jacob appelle le *germe*, Isaïe le désigne par une *fleur*. Car le Christ a germé d'abord, et puis il a fleuri dans le monde. Ensuite, lorsque Jacob a dit qu'il s'est couché, qu'il a dormi comme un lion, et comme le petit d'une lionne, il a voulu signifier le sommeil du Christ pendant trois jours dans le tombeau. Et aussi Isaïe a dit : « Comment la fidèle Sion est-elle devenue une prostituée, et s'est-elle remplie de crimes ? Celle qui se reposait dans la justice est pleine d'homicides[14]. » Et aussi David a dit : « Je me suis endormi, et j'ai été comme anéanti dans mon sommeil ; mais je me réveille, parce que le Seigneur viendra à mon aide[15]. » Il fallait que cette prophétie montrât qu'il s'est endormi, et qu'ensuite il s'est éveillé. Or, Jacob dit : « *Qui l'éveillera ?* » Ce qui revient à la même pensée exprimée par David, et comme l'explique saint Paul : « Puisque c'est Dieu le Père qui l'a rappelé d'entre les morts[16]. »

IX. Et ensuite Jacob, en disant : « Le sceptre et la puissance resteront dans la maison de Juda, jusqu'à la venue de celui qui a été promis : et il sera l'attente des nations, » montre par-là l'accomplissement de la prophétie. Car le Messie est notre attente. C'est lui que nous voyons des yeux de la foi, venant vers nous du haut du ciel par sa propre vertu.

X. *Il attachera son ânesse à un cep de vigne :* c'est-à-dire qu'il marque son peuple élu par le signe de la circoncision. Car lui-même il était la vigne[17]. *Et il attachera son ânon à la vigne ;* c'est-à-dire il ramènera son peuple à lui du milieu des nations, et il aura une seule foi, et sera marqué du même signe, celui de la circoncision.

XI. *Il lavera sa robe dans le vin :* pour annoncer qu'il se purifiera à la voix du Saint-Esprit dans les eaux du Jourdain. *Et il lavera son manteau dans le sang du raisin.* N'est-il pas évident que le sang de la vigne ne signifie autre chose que le sang de sa propre chair, qui a été foulée sur le bois de la croix comme une grappe de raisin : de son flanc couleront deux fontaines, une de sang, une d'eau, dans lesquelles les nations seront lavées comme un vêtement, et purifiées de leurs souillures.

XII. *Ses yeux seront brillants comme ceux d'un homme animé par le vin.* Or, les yeux du Christ signifient ici les saints prophètes qui ont prévu et annoncé ses souffrances ; et qui se réjouissaient néanmoins, en contemplant des yeux de la foi, et par l'effet de sa grâce et de sa divinité, sa force et sa puissance.

XIII. Et en disant ensuite : *Et ses dents seront plus blanches que du lait,* le prophète a voulu signifier que les préceptes qui sortiraient de la bouche du Christ seraient doux et purs comme le lait.

XIV. Les Écritures ont donc prédit ce lion et ce lionceau. Elles ont aussi annoncé la venue de l'Antechrist. Voici ce qu'a dit Moïse : *Dan sera comme un lionceau, et il viendra de Basan*[18]. Mais il faut bien faire attention que cette prophétie ne s'applique pas au Sauveur du monde. *Dan,* dit Moïse, *est comme le petit du lion.* Par ces mots, il a voulu désigner la tribu de Dan, de laquelle doit naître l'Antechrist. Car, de même que le Christ doit sortir de la tribu de Juda, ainsi l'Antechrist doit sortir de celle de Dan. Jacob parle dans le même sens, quand il dit : « On verra paraître Dan, le serpent, rampant sur la terre et mordant le pied du cheval[19]. » Or, qui peut être le serpent, si ce n'est l'Antechrist, le tentateur, celui qui est nommé dans la Genèse, celui qui a séduit Ève et fait pécher Adam[20] ? Cependant, comme il faudrait appuyer cette opinion d'un certain nombre de preuves, je ne suis pas embarrassé d'en fournir.

XV. En effet, le prophète n'a-t-il pas annoncé qu'il naîtrait et qu'il sortirait de cette tribu de Dan un roi qui serait tyran, juge implacable et fils du démon, lorsqu'il a dit : « Dan gouvernera son peuple en même temps que toutes les tribus d'Israël. » Mais, pourra-t-on dire, ceci s'applique à Samson, qui est sorti de la tribu de Dan, et qui a jugé le peuple pendant vingt ans. Il me semble que ce passage peut s'appliquer dans un sens particulier à Samson, et à l'Antechrist dans un sens général. Car Jérémie dit : « Nous avons entendu de Dan le fracas que faisaient les chevaux de l'ennemi dans leur course rapide ; toute la terre a été ébranlée par le bruit de leurs hennissements[21]. » On lit dans un autre prophète : « Il rassemblera toutes ses armées depuis le levant jusqu'au couchant. Ceux qu'il n'aura pas appelés, comme ceux qu'il aura appelés, le suivront. La multitude des voiles de ses vaisseaux blanchiront la surface de la mer, et ses camps paraîtront tout noirs par la multitude des boucliers. Si quelqu'un ose le provoquer au combat, il tombera frappé de son glaive. » Or, ceci n'a pu être dit que de cet Antechrist, ce tyran ennemi de Dieu, comme nous le démontrerons par la suite.

XVI. — Mais Isaïe dit[22] : « Mais lorsque le Seigneur aura accompli toutes ses œuvres sur la montagne de Sion et dans Jérusalem, je visiterai, dit-il, cette fierté du cœur insolent du roi d'Assur, et cette gloire de ses yeux altiers. Car il a dit en lui-même : C'est par la force de mon bras que j'ai fait ces grandes choses, et c'est ma propre sagesse qui m'a éclairé : j'ai enlevé les anciennes bornes des peuples, j'ai pillé les trésors des princes, et comme un conquérant, j'ai arraché les rois de leurs trônes. Les peuples les plus redoutables ont été pour moi comme un nid de petits oiseaux qui s'est trouvé sous ma main : j'ai réuni sous ma puissance tous les peuples de la terre, comme on ramasse quelques œufs qui ont été abandonnés ; et il ne s'est trouvé personne qui osât seulement remuer l'aile, et ouvrir la bouche. La cognée se glorifie-t-elle contre celui qui s'en sert ? La scie se soulève-t-elle contre la main qui l'emploie ? C'est comme si la verge s'élevait contre celui qui la lève, et si le bâton se glorifiait, quoique ce ne soit que du bois. — C'est pour cela que le Seigneur des armées fera sécher de maigreur les forts de l'Assyrien ; et sous sa victoire il se formera un feu qui les consumera, comme une forêt. »

XVII. — Le même prophète dit, dans un autre endroit[23] : « Qu'est devenu ce maître impitoyable ? Comment ce tribut qu'il exigeait si sévèrement a-t-il cessé ? Le Seigneur a brisé la verge des impies, de ces fiers dominateurs. Dans leurs fureurs, ils frappaient les peuples de plaies incurables, ils s'assujétissaient les nations et les persécutaient cruellement. Toute la terre est maintenant dans le repos et le silence, elle est dans la joie et l'allégresse. Les cèdres du Liban se sont réjouis de ta perte : Depuis que tu es mort, disent-ils, il ne vient plus personne qui nous coupe et qui nous abatte. — L'enfer même a été troublé à ta venue ; il a fait lever les géants à cause de toi. Tous les princes de la terre et tous les rois des nations sont descendus de leurs trônes. Ils s'adresseront à toi, et te diront : « Tu as donc été percé de plaies, aussi bien que nous, et tu es devenu semblable à nous.

« Ton orgueil a été précipité dans les enfers ; ton corps mort est tombé par terre : ta couche sera la poussière, et les vers seront ton vêtement. Comment es-tu tombé du ciel, Lucifer, toi qui paraissais si brillant à l'aube du jour ? Comment as-tu été renversé sur la terre, toi qui frappais de plaies les nations ? — Qui disais en ton cœur : Je monterai au ciel, j'établirai mon trône au-dessus des astres de Dieu, je m'asseyerai sur les montagnes élevées qui sont du côté de l'aquilon. Je me placerai au-dessus des nuées les plus élevées, et je serai semblable au Très-Haut ! Et néanmoins, tu as été précipité de cette gloire dans l'enfer, jusqu'au plus profond des abîmes. Ceux qui te verront s'approcheront de toi, et ils te diront ironiquement : « Est-ce là cet homme qui a épouvanté la terre, qui a jeté la terreur dans les royaumes ; qui a fait du monde un désert, qui en a détruit les villes, et qui a retenu dans les chaînes ceux qu'il avait vaincus ? » Tous les rois de la terre sont morts avec gloire, et ils ont chacun leur tombeau. Mais toi, tu as été jeté loin de ton sépulcre, confondu dans la foule de ceux qui ont péri, et dont les cadavres sont enfouis dans le sein de la terre. Comme un vêtement souillé de sang ne saurait en être jamais purifié, de même tu ne pourras jamais devenir pur. Parce que tu as ensanglanté la terre, parce que tu as fait périr mon peuple, tu seras anéanti. Race de méchants, vos enfants périront à cause de l'iniquité de leurs pères ; ils seront abaissés, et la terre ne leur appartiendra pas. »

XVIII. Ézéchiel s'exprime dans le même sens dans le passage suivant, où il dit[24] : « Voici ce que dit le Seigneur Dieu : Parce que votre cœur s'est élevé, vous avez dit en vous-même : *Je suis* un Dieu, et j'habiterai sur le trône de Dieu au-dessus des nuées : mais vous n'êtes qu'un homme, et vous n'êtes pas Dieu, et cependant vous vous êtes cru à l'égal d'un Dieu. Car vous avez cru être plus sage que Daniel, et qu'il n'y avait point de secret qui vous fut caché. Par votre prudence vous êtes devenu puissant, et vous avez amassé des trésors d'or et d'argent. Vous avez accru votre puissance par votre adresse et par votre industrie ; et votre cœur s'est exalté dans les richesses. C'est pourquoi voici ce que dit le Seigneur Dieu : Parce que votre cœur s'est enflé jusqu'à vous croire l'égal de Dieu, j'amènerai contre vous de puissants ennemis, ils viendront l'épée à la main abattre votre richesse avec tout son éclat, et ils souilleront votre beauté. Ils vous tueront, ils vous précipiteront du trône, et vous serez précipité dans la mer au milieu d'un grand carnage. Direz-vous encore, lorsque vous serez dans la main de vos meurtriers, direz-vous encore : Je suis un Dieu, vous qui n'êtes qu'un homme, et non pas un Dieu ? Vous mourrez parmi les incirconcis et de la main des étrangers, parce c'est moi qui ai parlé, a dit le Seigneur. »

XIX. Après avoir rapporté ces textes, examinons encore avec plus d'attention ce que dit Daniel dans ses visions. Là le prophète désigne clairement les empires futurs, et il annonce la venue de l'Antechrist pour la fin des temps, ainsi que l'embrasement universel. Il dit donc à la fin de la vision de Nabuchodonosor : « Tu étais roi, et tu voyais un grand colosse qui se tenait debout devant toi : sa tête était d'or très-fin ; ses[25] bras et ses épaules étaient d'argent, son ventre et ses cuisses, d'airain ; ses jambes, de fer ; et ses pieds, partie de fer et partie d'argile. — Alors, tu as vu une pierre qui s'est détachée d'elle-même de la montagne : elle a frappé les pieds faits de fer et d'argile du colosse, et les a réduits en poussière. Aussitôt tout ce qui servait à former le colosse, c'est-à-dire l'argile, l'airain, l'argent, l'or ont été également réduits en une poussière qu'on balaye de l'aire :

elle a été emportée par un grand vent qui s'est élevé tout à coup, et le lieu même où était auparavant le colosse a disparu. La petite pierre qui avait frappé le colosse est devenue une grande montagne qui a rempli toute la terre. »

XX. Si maintenant nous rapprochons les passages des visions de Daniel, nous verrons avec quelle exactitude ces prophéties se rapportent entre elles, et combien elles sont dans un parfait accord. En effet, Daniel s'exprime ainsi[26] : « J'ai eu une vision. Il me semblait que les quatre vents du ciel se livraient un combat violent au-dessus de la mer. Quatre grandes bêtes, qui n'avaient point de ressemblance entre elles, montaient hors de la mer. La première était comme une lionne, et elle avait des ailes d'aigle ; mais, pendant que je la regardais, ses ailes lui furent tout à coup arrachées ; puis elle se tint debout, et sur ses pieds comme un homme, et il lui fut donné un cœur d'homme. La deuxième bête ressemblait à un ours ; elle avait dans la gueule trois rangs de dents, et des voix lui disaient : Lève-toi, et rassasie-toi de carnage. Ensuite j'en vis une autre qui ressemblait à un léopard ; elle avait sur son dos quatre ailes comme les ailes d'un oiseau : cette bête avait quatre têtes. Je regardais toujours, et je vis paraître une quatrième bête dont la vue était terrible et effroyable. Elle était douée d'une grande force ; elle avait des dents de fer, ses ongles étaient d'airain, elle dévorait ou foulait aux pieds tout ce qui se présentait devant elle. Elle était très-différente dans ses formes des trois autres bêtes, et elle avait dix cornes. Je considérais ces cornes, et je vis une petite corne qui sortait du milieu des autres. Trois de ces dix grandes cornes furent arrachées de sa tête. La petite corne avait des yeux comme les yeux d'un homme, et une bouche d'où sortait un langage extraordinaire. »

XXI.[27]« Je continuais à regarder, et bientôt je vis que les trônes furent placés, et l'ancien des jours s'assit : son vêtement était blanc comme la neige, et les cheveux de sa tête semblables à une laine blanche et pure. Son trône était formé d'un feu subtil et éthéré, et les roues de ce trône étaient des flammes ardentes. Un fleuve de feu très-rapide coulait devant lui ; un million d'anges le servaient, et mille millions se tenaient debout devant lui. Le jugement commença, et les livres furent ouverts. J'étais toujours attentif aux paroles insolentes qui sortaient de la bouche de la petite corne ; mais aussitôt la bête fut tuée, et son corps fut livré aux flammes pour être consumé ; et je vis que la puissance des autres bêtes leur avait été enlevée. »

XXII.[28]« Je considérais ces choses dans cette vision nocturne, et je vis alors le Fils de l'Homme qui s'avançait sur les nuées du ciel ; et il arriva jusqu'aux pieds de l'Ancien des jours. Et il se présenta à lui. Il lui a donné la puissance, la gloire et la domination ; il eut dans sa sujétion tous les peuples, toutes les tribus et toutes les langues. La puissance qui lui fut donnée ne passera point, et son royaume durera éternellement. »

XXIII. Mais comme ces passages ont un sens caché, et que plusieurs personnes ont de la peine à saisir, nous n'omettrons rien de ce qui pourra en faciliter l'intelligence à tous les hommes d'un esprit droit et sain. Daniel, par la lionne qui sort de la mer, a voulu désigner le royaume de Babylone, parce que cet empire portait dans ses armes une tête d'or de lionne. Par des *ailes comme celles de l'aigle*, il veut signifier l'orgueil de Nabuchodonosor, qui l'avait égaré jusqu'à défier Dieu lui-même. Ensuite il ajoute : *on lui a arraché ses ailes*, pour signifier la ruine de sa gloire : il fut, en effet, précipité du trône. Et en disant : *il lui fut donné un cœur d'homme*, et il *marcha avec des pieds d'homme*, Daniel a voulu dire que ce roi fit pénitence, qu'il reconnut ses fautes, s'humilia devant Dieu, et lui rendit gloire.

XXIV. Le second animal que voit Daniel après la lionne, et qui est semblable à un ours, signifie les Perses. En effet, ce sont les Perses, qui, après les Babyloniens, ont eu l'empire universel. En disant ensuite, *trois côtes (ou trois rangs) dans sa bouche*, il veut signifier les Perses, les Mèdes et les Babyloniens : il le marque encore par l'argent mélangé avec l'or dans la définition du colosse. Vient ensuite la troisième bête, le léopard, qui désigne les Grecs. En effet, ce fut Alexandre-le-Grand, qui, après les Perses, s'empara de l'empire universel, ayant vaincu Darius, qui, dans la description du colosse, est signifié par l'airain. Mais, en parlant ensuite *des quatre ailes de l'oiseau*, il a voulu évidemment marquer comment l'empire d'Alexandre fut divisé après sa mort. *Les quatre* désignent les quatre rois qui se partagèrent l'empire d'Alexandre, qui, en mourant, avait fait lui-même ce partage.

XXV. Daniel dit ensuite : « La quatrième bête est terrible et effrayante : elle a des dents de fer et des ongles d'airain. » À qui ceci peut-il s'appliquer, si ce n'est aux Romains ? Le fer signifie l'empire du monde dont ils sont les maîtres aujourd'hui. Les jambes qui soutiennent cet empire sont bien de fer. Enfin, que nous resterait-il encore à expliquer dans cette prophétie, si ce n'est les traces que laisse après lui le colosse en marchant, et à dire à quoi s'applique ce mélange de deux parties, l'une de fer, l'autre d'argile ? Les ongles des pieds signifient, dans le sens symbolique, les rois qui doivent sortir de ce colosse. Ainsi, lorsque Daniel dit : « Comme je regardais la bête, je vis une petite corne qui sortait entre les dix autres ; trois de celles-ci lui furent arrachées, » n'est-il pas évident que Daniel désigne ici l'Antechrist, qui doit relever le royaume des Juifs. Ces trois cornes qu'il arrache à la *bête*, ce sont les trois rois, d'Égypte, de Libye et d'Éthiopie, qu'il vaincra et fera périr en les combattant. Enfin, après être monté au faîte de la puissance, l'Antechrist se montrera un tyran cruel, il accablera de tribulations et de persécutions les hommes qui ne voudront pas le reconnaître. Car Daniel dit[29] : « Et comme je regardais attentivement, je vis que cette corne combattait contre les saints et qu'elle avait d'abord l'avantage sur eux, jusqu'à ce qu'enfin elle fut tuée et son corps livré aux flammes pour être consumé. »

XXVI. Après un court espace de temps, il tombera du ciel une pierre qui frappera le colosse, qui le brisera et qui renversera les royaumes de la terre, et le gouvernement de l'empire universel sera donné aux élus de Dieu[30]. Cet empire est celui qui sera fondé sur une haute montagne et dont Daniel a dit :[31]« Je considérais ces choses du milieu de cette vision nocturne, lorsque je vis le Fils de l'Homme qui s'avançait sur les nuées du ciel ; et il arriva jusqu'aux pieds de l'Ancien des jours ; et il se présenta à lui. Il lui fut donné la puissance, la gloire et la domination. Il eut sous sa sujétion tous les peuples, toutes les tribus et toutes les langues. La puissance qui lui fut donnée ne passera point, et son royaume doit durer éternellement. » Il désigne par là la toute-puissance qui a été donnée au Fils par le Père, qui l'a créé Roi des cieux[32], de la terre et des enfers et de toutes choses ; des cieux, parce que le Verbe du Père existait avant la création des temps ; des choses terrestres, parce qu'il s'est fait homme parmi les hommes, pour sauver les enfants d'Adam ; enfin, Roi des enfers, parce qu'ayant passé trois jours dans le tombeau, il a vaincu la mort par la mort, et reconduit dans les cieux les ames des saints[33].

XXVII. — Toutes ces choses devant s'accomplir, les dix doigts du colosse ou de la statue signifient l'avénement des dix démocraties ; les dix têtes de la quatrième bête signifient les dix royaumes : mais nous devons examiner en détail chacune de ces prédictions, et apprécier les preuves sur lesquelles elles reposent.

XXVIII. La tête d'or du colosse, ou la lionne, signifie l'empire de Babylone ; les épaules et les bras d'argent, ou l'ours, ce sont les Perses et les Mèdes ; le ventre et le fémur d'airain, ou le léopard, ce sont les Grecs, qui, après

Alexandre, ont eu la domination universelle ; les jambes de fer, ou la bête terrible et effrayante, signifient les Romains, qui ont aujourd'hui l'empire du monde ; ces traces que laissent les pieds, qui sont de fer et d'argile, et les dix cornes, marquent les royaumes et les empires à venir : le petit rejeton qui pousse entre les cornes, c'est l'Antechrist : et la pierre qui tombe du ciel et qui brise le colosse qui avait rempli la terre de sa puissance et de son nom, c'est le Christ venant juger le monde.

XXIX. Ce n'est, mon cher Théophile, qu'avec une certaine crainte que je vous confie toutes ces choses ; mais toutefois je me sens raffermi dans mes convictions par l'immense charité du Christ. Car si les Prophètes nos prédécesseurs, qui ont approfondi ces choses, n'ont pas voulu les révéler autrement de peur de jeter le trouble dans les esprits, mais les ont enveloppées sous le voile des paraboles et des énigmes, en disant *que l'esprit que la sagesse éclaire pénètre ces mystères*[34]. Quels écueils n'avons-nous pas à redouter, nous qui parlons ouvertement des choses dont les Prophètes n'ont parlé qu'à travers des voiles et en paraboles ? Voyons donc maintenant de quelle manière les prophéties doivent s'accomplir au sujet de cette impure prostituée ; quels châtiments lui sont réservés par la juste vengeance de Dieu, et qu'elle doit subir comme par anticipation au jugement dernier.

XXX. Venez donc bienheureux Isaïe ! déroulez-nous ici le sens caché de vos prophéties sur la grande Babylone ; ce que vous aviez prédit au sujet de Jérusalem est arrivé comme vous l'aviez annoncé ; car vous aviez dit clairement : « Votre contrée sera déserte ; vos villes seront dévorées par les flammes ; l'étranger ravagera votre pays ; vous serez témoin de ces ravages ; Jérusalem sera dans la désolation, et elle sera renversée de fond en comble par les peuples étrangers (et la suite)[35], et la fille de Sion demeurera comme une chaumière de branchages dans une vigne, comme une cabane dans un champ de concombres, et comme une ville livrée au pillage. »

Quoi donc ? tout cela n'est-il pas arrivé ? toutes vos prédictions ne se sont-elles pas accomplies de point en point ? Est-ce que le pays de Judée n'a pas été ravagé ? le temple livré aux flammes ? les moissons jetées à terre ? ses villes détruites ? N'est-ce pas l'étranger qui dévore cette malheureuse contrée ? n'est-elle pas sous le joug des Romains ? Les Juifs n'ont-ils pas reporté sur le Christ qu'ils ont déchiré et mis en croix, cette fureur dont ils furent transportés contre toi ? Tu es mort il est vrai dans le monde, mais tu vis dans le Christ.

XXXI. Auquel donner la préférence d'Isaïe ou de Jérémie ? Jérémie fut lapidé ; Jérémie l'emporte peut-être par l'autorité de son témoignage ; mais Daniel par dessus tous. Daniel, vous êtes avant tous les autres l'objet de mon admiration. Il faut aussi célébrer Jean, dont la bouche fut vouée à la vérité. Où trouverai-je des paroles pour vous glorifier ; car le Verbe a parlé par votre voix ! Vous êtes mort avec le Christ ; mais vous vivez avec le Christ. Écoutez, et réjouissez-vous ; car voilà que les choses que vous avez annoncées se sont accomplies. Vous avez entrevu ces choses à travers les voiles de l'avenir ; vous les avez annoncées aux âges suivants, et vous portez à tous les siècles les oracles de Dieu. Vous avez été suscité, afin de contribuer au salut de tous ; car le véritable prophète, n'est-ce pas celui qui, après avoir annoncé les événements, peut montrer qu'ils se sont accomplis. Vous avez été à la fois maître envers les hommes, et serviteur envers Dieu. Je proclame hautement et comme si je parlais devant vous, si vous étiez vivant, cette double gloire qui vous appartient. Et d'ailleurs, n'êtes-vous pas déjà dans les cieux en possession de la couronne de vie et d'immortalité[36] ?

XXXII. Venez donc à mon aide, bienheureux Daniel ; venez dissiper tous mes doutes. Vous prophétisez sur Babylone, que vous appelez *la lionne*[37] ; c'est là, en effet, où vous avez demeuré durant votre captivité. Vous avez raconté ce qui devait arriver concernant l'empire de l'*ours :* vous viviez encore lorsque votre prophétie faite à ce sujet s'est accomplie, et vous avez assisté à cet accomplissement. Mais vous me parlez ensuite du léopard : qui vous avait révélé ces choses, qui ne se sont accomplies qu'après votre mort[38] ? Vous me répondez : C'est Dieu. Vous l'avez confessé, et vous avez dit la vérité[39]. Vous avez dit : Le léopard s'est levé ; le bouc, chef des chèvres, est allé en avant ; il a heurté le bélier ; il a brisé ses cornes ; il l'a foulé aux pieds ; il a été son vainqueur ; il s'est élevé sur sa ruine ; sous sa domination, quatre cornes se sont levées. Bienheureux Daniel ! réjouissez-vous : vous n'avez pas faibli dans votre prédiction ; car toutes ces choses sont arrivées.

XXXIII. Maintenant faites-moi connaître la quatrième bête, la bête terrible et effroyable : « Ses dents sont de fer ; ses ongles, d'airain, mangeant et dévorant, et foulant sous ses pieds le reste qu'elle ne mangeait pas. » Voilà ce que vous avez prédit. Eh bien ! n'est-ce pas, en effet, le glaive de fer qui règne aujourd'hui ; ne dompte-t-il pas, et ne domine-t-il pas toutes choses ; ne met-il pas, bon gré mal gré, tous les peuples sous son joug ! Nous sommes témoins de toutes ces choses ; l'accomplissement de vos prophéties nous est un nouveau sujet de glorifier Dieu.

XXXIV. Mais comme nous voulions éclaircir ce qui est relatif à la grande prostituée, nous vous appelons encore à notre aide, ô bienheureux Isaïe ! Voyons ce que vous dites de Babylone[40] : « Descendez ; asseyez-vous dans la poussière, ô vierge, fille de Babylone ! asseyez-vous sur la terre ; vous n'êtes plus sur le trône ; vous ne serez plus appelée la plus délicate et la plus belle. Tournez la meule ; faites moudre la farine ; révélez ce qui vous fait rougir ; découvrez votre épaule ; levez vos vêtements ; passez les fleuves. Votre ignominie sera découverte ; votre opprobre paraîtra à tout le monde ; je me vengerai de vous, et il n'y aura point d'homme qui puisse me résister. Celui qui nous rachètera, c'est le saint d'Israël, qui est pour nous le Seigneur des armées. Asseyez-vous, demeurez dans le silence, et entrez dans les ténèbres, ô fille des Chaldéens, parce que vous ne serez plus appelée à l'avenir la dominatrice des nations. »

XXXV. « J'avais été irrité contre les hommes de mon peuple, j'avais traité comme profane mon héritage, je les avais livrés entre vos mains, et vous n'avez point usé de miséricorde envers eux : mais vous avez appesanti cruellement votre joug sur les vieillards mêmes ; vous avez dit : Je règnerai éternellement. Vous n'avez point fait de réflexions sur ce qui pouvait vous arriver un jour. Écoutez donc maintenant, vous qui vivez dans les délices, vous qui demeurez dans une pleine assurance, qui dites en votre cœur : Je suis souveraine, et après moi il n'y en a point d'autre ; je ne deviendrai point veuve et j'ignorerai la stérilité. Cependant ces deux maux viendront fondre en même temps sur vous, la stérilité et la viduité : tous ces malheurs vous accableront en punition de vos enchantements, et ceux que vous avez séduits ne vous sauveront pas. Vous vous êtes tenue assurée dans votre malice, et vous avez dit : Il n'y a personne qui me voie. C'est votre science même qui vous a séduite. Vous avez dit dans votre cœur : je suis souveraine, et il n'y en a point d'autre que moi. Le mal viendra tout à coup vous frapper, sans que vous sachiez d'où il vient. Venez maintenant avec vos enchanteurs et vos secrets de magie, pour voir s'ils vous serviront à vous sauver. Ils sont devenus comme la paille, le feu les a dévorés ; ils ne pourront délivrer leurs ames des flammes ardentes. À quoi vous serviront et le feu qui les consumera, et les charbons qui resteront de leur embrasement. Vous avez passé dans la vanité et l'inconstance tous les jours de votre vie. Tous ceux que vous avez fréquentés s'enfuiront de côté et d'autre, sans qu'aucun puisse vous aider à vous sauver. »

Voilà ce qu'Isaïe a prophétisé : voyons maintenant si Jean n'aurait pas annoncé les mêmes choses.

XXXVI. Lorsqu'il était dans l'île de Patmos, il vit l'Apocalypse, qui lui révéla d'horribles mystères ; le récit qu'il en fait contient une haute instruction. Dites-nous donc, bienheureux Jean, apôtre et disciple du Seigneur, ce que vous avez vu, et ce que vous avez vu au sujet de Babylone. Réveillez-vous et parlez ; n'est-ce pas d'ailleurs la hardiesse de vos prédictions qui fut la cause de votre exil[41] ? « Alors, dit saint Jean, un des sept anges qui avaient les sept coupes vint me parler et me dit : Venez, et je vous montrerai la condamnation de la grande prostituée qui est assise sur les grandes eaux ; avec laquelle les rois de la terre se sont souillés, et qui a enivré du vin de la prostitution les habitants de la terre. Il me transporta donc en esprit dans le désert, et je vis une femme assise sur une bête de la couleur d'un rouge ardent ; sa bouche vomissait le blasphème ; elle avait sept têtes et dix cornes. Cette femme était vêtue de pourpre et d'écarlate ; elle était parée d'or, de pierres précieuses et de perles, et tenait en sa main un vase d'or plein des abominations et de l'impureté de sa fornication. Et sur son front il était écrit comme un mot mystérieux : Babylone la grande, la mère des fornications et des abominations de la terre. »

XXXVII. « Et je vis cette femme enivrée du sang des saints et du sang des martyrs de Jésus ; et en la voyant, je fus frappé d'une grande stupeur. Alors l'ange me dit : De quoi vous étonnez-vous ? Je vous dirai le mystère de la femme et de la bête sur laquelle elle est assise, qui a sept têtes et dix cornes. La bête que vous avez vue était et n'est plus. Cependant un jour elle reviendra et sortira de l'abîme, pour être de nouveau exterminée ; et les habitants de la terre dont les noms ne sont pas écrits dans le livre de vie dès la création du monde, s'étonneront en voyant que cette bête était et n'est plus, et qu'elle doit revenir un jour.

XXXVIII. « En voici le sens plein de sagesse : Les sept têtes sont sept montagnes sur lesquelles la femme est assise, et ces sept montagnes représentent sept rois dont cinq sont tombés ; il en reste un, et l'autre n'est pas encore venu ; et, quand il sera venu, il faut qu'il demeure peu de temps. La bête qui était et qui n'est plus, fait un huitième roi ; elle fait partie des sept autres, et elle courra à sa perte. Les dix cornes que vous avez vues sont dix rois, qui ne sont pas encore en possession du royaume ; mais ils recevront comme rois la puissance en une même heure avec la bête ; ils auront tous un même dessein, et ils donneront à la bête leur force et leur puissance ; ils combattront contre l'Agneau, et l'Agneau les vaincra ; parce qu'il est le Seigneur des seigneurs et le Roi des rois ; et ceux qui sont avec lui sont les appelés, les élus, les fidèles.

XXXIX. « Il me dit encore : Les eaux que vous avez vues, sur lesquelles la prostituée est assise, sont les peuples,

les nations et les langues. Les dix cornes que vous avez vues sur la bête sont ceux qui haïront cette prostituée, la réduiront dans la plus grande désolation, la dépouilleront ; ils dévoreront ses chairs et les feront périr par le feu. Car Dieu leur a mis dans le cœur d'exécuter ce qui lui plaît, et de donner leur royaume à la bête, jusqu'à ce que les paroles de Dieu soient accomplies. Et quant à la femme que vous avez vue, c'est la grande ville qui règne sur les rois de la terre. »

XL. « Après cela, je vis un autre ange qui descendait du ciel, ayant une grande puissance, et la terre fut éclairée de sa gloire ; et il cria de toute sa force : Elle est tombée, elle est tombée, cette grande Babylone ; et elle est devenue la demeure des démons, la retraite de tout esprit immonde et le repaire de tout oiseau impur et haïssable : parce que toutes les nations ont bu du vin de sa furieuse prostitution, que les rois de la terre se sont corrompus avec elle, et que les marchands se sont enrichis par l'excès de son luxe. J'entendis aussi une autre voix qui venait du ciel et qui dit : Sortez de cette ville, mon peuple, afin que vous n'ayez point de part à ses péchés, et que vous ne soyez point enveloppé dans ses plaies. Car ses péchés sont montés jusqu'au ciel, et Dieu s'est ressouvenu de ses iniquités. »

XLI. « Traitez-la[42] comme elle vous a traités ; rendez-lui au double selon ses œuvres ; dans le même calice où elle vous a donné à boire, donnez-lui à boire deux fois autant ; multipliez ses tourments et ses douleurs à proportion de ce qu'elle s'est élevée d'orgueil et livrée au luxe : parce qu'elle a dit dans son cœur : Je suis sur le trône, je suis reine, et le deuil n'est point fait pour moi. C'est pourquoi ses plaies, la famine et la mort, viendront fondre sur elle en un même jour, et elle périra par le feu ; car Dieu qui la condamnera est tout puissant. Alors les rois de la terre, qui se sont corrompus et ont vécu dans le luxe avec elle, pleureront sur elle, et frapperont leur poitrine en voyant la fumée de son embrasement. Ils se tiendront loin d'elle dans la crainte de ses tourments, et ils diront : Hélas ! hélas ! grande ville, Babylone, ville si puissante, ta condamnation est venue en un moment. Les marchands de la terre pleureront et gémiront sur elle, parce que personne n'achètera plus leurs marchandises. Ces marchandises d'or, d'argent, de pierreries, de perles, de fin lin, de pourpre, de soie, d'écarlate, de toutes sortes de bois précieux, de toutes sortes de meubles d'ivoire, et de pierres précieuses, d'airain, de fer et de marbre, de cinnamone, de senteurs, de parfums, d'encens, de vin, d'huile, de fleur de farine, de blé, de bêtes de charge, de brebis, de chevaux, de carrosses, d'esclaves vigoureux et d'hommes libres. Les fruits aussi dont tu faisais tes délices t'ont quittée, toute mollesse et toute magnificence est perdue pour toi, et tu ne les retrouveras plus. Ceux qui vendaient ces marchandises et qui se sont enrichis avec elle, s'en tiendront éloignés dans l'appréhension de ses tourments ; ils soupireront et pleureront, et ils diront : Hélas, hélas, qu'est devenue cette grande ville, qui était vêtue de fin lin, de pourpre et d'écarlate, et parée d'or, de pierreries et de perles ! car toutes ces richesses se sont évanouies en un moment. Et tous les marchands et tous ceux qui trafiquent sur mer se sont tenus loin d'elle, et en voyant la fumée de l'incendie qui la dévorait, ils se sont écrié : Quelle ville a jamais égalé cette grande ville ! et ils se sont couverts la tête de poussière, jetant des cris accompagnés de larmes et de sanglots, et ils s'écriaient : Hélas, hélas, cette grande ville, qui était vêtue de fin lin, qui a enrichi de son opulence ceux qui avaient des vaisseaux sur la mer, a été abîmée en un moment. »

XLII. « Saints, soyez-en dans la joie, et vous aussi, saints Apôtres et prophètes, parce que Dieu vous a fait justice d'elle. Alors un ange doué d'une force extraordinaire leva en haut une pierre semblable à une meule de moulin, et la jeta dans la mer, en disant : C'est ainsi que Babylone, cette grande ville, sera précipitée avec violence, et on ne la retrouvera plus. Et la voix des joueurs de harpe et des musiciens, ni celle des joueurs de flûte et de trompette, ne sera plus entendue chez toi, et nul artisan ne s'y trouvera plus, et on n'y entendra plus le bruit de la meule. La lumière des lampes ne luira plus chez toi, et on n'y entendra plus la voix de l'époux et de l'épouse ; parce que tu as fait tomber dans tes piéges les rois de la terre, et que toutes les nations ont été séduites par tes enchantements. On a trouvé dans cette ville le sang des prophètes et des saints, et de tous ceux qui ont été tués sur la terre. »

XLIII. Il est évident que dans cette prophétie saint Jean a voulu décrire en détail les ravages que, dans les derniers temps du monde, les tyrans exerceront sur la terre. Nous devons maintenant chercher à connaître quand viendra le temps où ces choses arriveront, ce qui est annoncé par le petit rejeton de corne qui poussera entre les cornes de la bête. Cela arrivera lorsque les jambes de fer, qui ont maintenant la domination universelle, se seront affaissées jusqu'aux doigts des pieds, suivant ce qui est dit dans la description de l'immense colosse, et de la bête horrible et formidable ; enfin lorsque le fer et l'argile se mêleront ensemble et ne formeront plus qu'une seule et même substance. Daniel, d'ailleurs, va nous expliquer ainsi cet accomplissement. Voici ce qu'il dit[43] : « Il confirmera son alliance avec plusieurs dans une semaine, et à la moitié de la semaine, l'holocauste et le sacrifice seront abolis. » Or, il a voulu parler ici d'une dernière semaine d'année, qui précédera la fin du monde ; c'est vers le milieu de cette semaine que paraîtront les prophètes Énoch et Élie : car il est annoncé qu'ils prêcheront, couverts de sacs, durant mille deux cent soixante jours, pour amener les peuples à faire pénitence[44].

XLIV. De même donc que le double avénement de Notre-Seigneur sur la terre est annoncé par les Écritures ; le premier, par la chair, sans nul éclat, sans nulle pompe, pour qu'il fût méprisé, et afin que la prophétie d'Isaïe s'accomplît, lorsqu'il a dit[45] : « Nous l'avons vu, il était sans beauté et sans éclat ; et nous l'avons méconnu. Il nous a paru un objet de mépris, le dernier des hommes, un homme de douleurs, qui connaît la souffrance ; il avait l'air méprisable, et nous n'avons fait aucun cas de lui. » Et le second avénement, qui aura lieu, suivant ce qui est annoncé, dans tout l'éclat de la majesté de Dieu, lorsque le Christ descendra du haut des cieux, accompagné de l'armée des anges[46], car, ainsi que le dit le prophète : « Nous verrons le Roi du ciel dans toute sa splendeur et sa majesté[47]. » Et Daniel[48] : « Et je vis le Fils de l'Homme qui venait sur les nuées du ciel, et qui s'avançait vers l'Ancien des jours, et il se présenta à lui. Et il lui donna la puissance, la force et la domination ; et tous les peuples, toutes les tribus, et toutes les langues le serviront. Sa puissance sera éternelle et ne périra pas. » Pour concorder avec ce double avénement du Christ, les deux précurseurs ont été également prédits et annoncés. Le premier est Jean, fils de Zacharie, qui a été le précurseur et le héraut du Sauveur pour toutes les circonstances de sa vie mortelle ; annonçant l'astre céleste qui s'était levé sur le monde, il commença l'accomplissement de sa mission dès le ventre de sa mère, puisque l'époque de sa conception par Élisabeth fut le signal de la naissance prochaine de celui qui devait naître de la sainte Vierge et du Saint-Esprit, pour régénérer et sauver le monde.

XLV. Jean entendit, dans le ventre de sa mère, la salutation d'Élisabeth, et il s'agita de joie en voyant le Verbe qui venait d'être conçu dans le sein de la Vierge[49]. Ensuite nous le voyons venir prêcher dans le désert, annonçant au peuple le baptême de la pénitence. En effet, comme il était à prêcher à ceux qui étaient dans le désert, il leur montra le Sauveur en disant : *Voici l'Agneau de Dieu, celui qui efface les péchés du monde*[50]. C'est aussi lui qui, ayant été décapité par Hérode, alla évangéliser ceux qui étaient dans les limbes, et leur annoncer la descente prochaine du Christ dans les enfers, pour délivrer les ames des saints des liens de la mort.

XLVI. Comme le Sauveur devait être le principe et l'auteur du salut de tous les hommes, il fallait également qu'il fût lui seul le vainqueur de la mort, lui seul par qui entrerait la justice dans le monde, afin que ceux qui auraient mérité la victoire, et seraient arrivés les premiers au but de la course, fussent par lui couronnés. Mais, comme il doit venir à la consommation des temps pour juger ce monde, il fallait aussi que ceux qui doivent être ses précurseurs dans ce second avénement, fussent annoncés, ainsi qu'il le dit par la bouche de Malachie[51] : « Je vous enverrai Élie le prophète avant la venue du grand jour du jugement du Seigneur ; il réconciliera les pères avec les enfants, il fera rentrer les rebelles dans le devoir, de peur que je ne vienne et ne frappe toute la terre la trouvant souillée[52]. » Ces précurseurs viendront donc, et ils annonceront la prochaine venue du Christ ; ils feront des miracles et des prodiges, afin de fléchir le cœur des hommes et de les ramener à la pénitence pour laver leurs fautes.

XLVII. En effet, nous lisons dans saint Jean[53] : « Et je ferai venir mes deux témoins, et ils prêcheront la pénitence, couverts de sacs, pendant mille deux cent soixante jours. » Ils viendront au milieu de cette semaine dont a parlé Daniel[54] : « Ce sont les deux oliviers et les deux chandeliers qui sont placés devant le Seigneur. Si quelqu'un veut leur nuire, il sortira de leur bouche un feu qui dévorera leurs ennemis ; si quelqu'un veut leur nuire, c'est ainsi qu'il périra. Ils ont le pouvoir de fermer le ciel, afin qu'il ne tombe point de pluie pendant qu'ils prophétiseront ; et ils ont le pouvoir de changer les eaux en sang, et de frapper la terre de toutes sortes de plaies. » Enfin, lorsqu'ils auront achevé leur mission et rendu leur témoignage, que nous dit le prophète : « La bête qui monte de l'abîme leur fera la guerre ; elle les vaincra et les fera périr[55], » parce qu'ils ne voudront pas reconnaître la gloire de l'Antechrist. C'est bien là ce que signifie cette petite corne, ou ce rejeton de corne dont il est parlé ; car c'est alors que l'Antechrist commencera d'enfler son cœur d'orgueil, de s'exalter lui-même et de se glorifier, persécutant les saints et blasphémant le Christ, comme le dit Daniel[56].

XLVIII. Mais il est nécessaire d'insister davantage sur ce point, et de voir comment l'Antechrist se trouve désigné par le Saint-Esprit par le nombre qui lui est propre. Voici, en effet, comment parle Jean[57] : « Je vis encore s'élever de la terre une autre bête, qui avait deux cornes semblables à celles de l'agneau ; mais elle parlait comme le dragon, et elle exerça toute la puissance de la première bête en sa présence, et elle fit que la terre et ceux qui l'habitaient adorèrent la première bête, dont la plaie mortelle avait été guérie. Elle fit de grands prodiges, jusqu'à faire descendre le feu du ciel sur la terre à la vue des hommes, et elle séduisait ceux qui habitaient sur la terre, à cause des prodiges qu'elle eût le pouvoir de faire en présence de la bête, en disant à ceux qui habitaient sur la terre, qu'ils dressassent une image à la bête, qui, ayant reçu un coup d'épée, était encore vivante. Et le pouvoir lui fut donné d'animer l'image de la bête, en sorte que cette image parlât, et de faire tuer tous ceux qui n'adoreraient pas l'image de la bête. Elle fera encore que tous les hommes, petits et grands, riches et pauvres, libres et esclaves, reçoivent d'elle un signe à la main droite ou au front, et que personne ne puisse ni acheter, ni vendre, que celui qui aura le signe ou le nom de la bête, ou le nombre de son nom. C'est ici la sagesse, que celui qui a de l'intelligence, compte le nombre de la bête. Car son nombre est le nombre du nom d'un homme, et son nombre est six cent soixante-six. »

XLIX. Or, la bête qui monte de la terre signifie le règne futur de l'Antechrist. Pour les deux cornes, l'une indique l'Antechrist, et l'autre son faux prophète qui l'accompagne. De ce qu'il est dit que ses cornes sont semblables à celles de l'agneau, cela signifie qu'il voudra se faire passer pour l'égal du Fils de Dieu, et souverain potentat de l'univers. De ce qu'il parle comme le dragon, cela veut dire qu'il séduira par un langage hypocrite. De ce qu'il est dit ensuite : « Qu'il rétablissait la puissance de la première bête, afin que toute la terre recommence à plier le genou devant la première bête, dont la plaie mortelle a été guérie, » cela signifie que l'empire romain, tel qu'il a été constitué par Auguste, se relèvera de ses ruines, qu'il sera gouverné par l'Antechrist, qui lui rendra son ancienne puissance et ses anciennes lois. En effet, cette quatrième bête, qui a une plaie à la tête, dont elle guérira, est bien la figure de cet empire qui s'affaiblit et s'affaisse sous lui-même, et puis est partagé en dix royaumes : c'est alors que l'Antechrist, homme d'un esprit adroit et rusé, vient le renouveler et le rétablir. En effet, c'est bien là ce que veut signifier le prophète, lorsqu'il dit de lui qu'il « avait reçu le pouvoir d'animer l'image de la bête, en sorte que cette image parlât. » Il sera de nouveau puissant et fort par la violence de ses lois, puisqu'il fera périr tous ceux qui refuseront d'adorer l'image de la bête. C'est alors que la foi et la patience des saints seront mises en lumière. Car il est dit : « Il fera que tous les hommes, grands et petits, riches et pauvres, libres et esclaves, reçoivent d'elle un signe à la main droite ou au front, et que personne ne puisse ni acheter ni vendre que celui qui aura le signe ou le nom de la bête, ou le nombre de son nom. » Son caractère artificieux et son orgueil lui feront prendre en haine les serviteurs de Dieu, et il emploiera tous les moyens pour s'en défaire et les faire périr ; irrité de ce qu'on refuse de le glorifier, il fera dresser partout des bûchers et des autels, afin d'empêcher les fidèles de pouvoir ni acheter ni vendre s'il n'a auparavant sacrifié à l'Antechrist. Ceci s'exécutera par un signe fait à la main droite. Et ce qu'il dit du signe sur le front, cela signifie qu'il faut que tous soient couronnés, et qu'ils portent une auréole de feu qui est pour eux un gage, non pas de vie, mais de mort. C'est à cela que se rapporte la conduite du célèbre Antiochus, roi de Syrie, petit-fils d'Alexandre de Macédoine. Dans son orgueil, il rendit un décret relatif à des autels *placés aux portes de la ville*[58], qui portait : « Seront mis à mort, la tête couronnée de lierre, après avoir été conduits autour de l'autel de Bacchus et livrés aux supplices, ceux qui refuseront d'obéir. » Mais ce prince impie finit par recevoir de la justice de Dieu le juste châtiment de ses crimes ; il mourut rongé par les vers. On peut d'ailleurs lire le détail de cet événement dans le livre des Macchabées.

L. Maintenant, revenons à notre sujet. Nous disons que l'Antechrist emploiera mille moyens et mille ruses pour affliger les saints. Car, dit l'Apôtre prophète[59] : « C'est lui qui a été annoncé : L'homme doué de sens n'a qu'à compter le nombre de la bête. C'est le nombre de l'homme ; et ce nombre est celui de six cent soixante-six. » Certes nous ne prétendons pas pénétrer le sens véritable de ce nom, et expliquer parfaitement, ni même conjecturer, ce que saint Jean a voulu dire dans ce passage. Il suffira au sage de la moindre lueur pour trouver avec nous ce que nous cherchons à découvrir ici. Du reste, nous nous contentons d'indiquer ce que nous apercevons à travers nos doutes et nos incertitudes. On peut trouver en supputant le même nombre beaucoup d'autres noms encore, comme, par exemple, celui de *Titan,* qui est antique et fameux ; ou bien celui d'*Évanthos,* que l'on trouve dans la supputation du même nombre, ainsi qu'un grand nombre d'autres. Nous disions donc que la plaie de la première bête avait été guérie, et que l'Antechrist avait fait parler son image, ce qui signifie qu'il lui a donné la force et la puissance ; ceci s'applique évidemment aux Latins qui sont en ce moment en possession de la souveraine domination. Il suffit donc de décomposer le nom de Titan, pour en faire celui de *Latinus*. Il ne convient ici ni d'affirmer absolument ni de nier, que c'est là la véritable explication. Mais, pénétrés que nous sommes de ce mystère, nous gardons avec crainte et foi le dépôt des prophéties, afin de n'être pas surpris lorsqu'elles s'accompliront : car, au temps venu, tout ce que nous avons dit sur ce point sera pleinement manifesté.

LI. Toutefois, pour ne pas tromper l'attente de ceux qui aiment à se nourrir et à se pénétrer de l'esprit des saintes Écritures, nous allons passer à de nouvelles preuves de ce que nous avons dit sur l'Antechrist. Daniel dit[60] : « Ceux-là seuls seront sauvés de ses mains : Édom, Moab, et les premiers d'entre les enfants d'Ammon. » Il s'agit ici d'Ammon et de Moab, provenus de l'inceste de Loth avec ses filles[61], dont la descendance subsiste encore aujourd'hui. Car, dit Isaïe[62] : « Ils voleront sur la mer pour aller fondre sur les Philistins ; ils pilleront ensemble les peuples de l'Orient ; ils se jetteront d'abord sur Moab, et les enfants d'Ammon leur obéiront. »

LII. Les temps étant donc venus, l'Antechrist paraîtra : par ses triomphes dans les combats, il s'emparera de trois cornes sur dix de la bête, qu'il lui arrachera, ce qui signifie qu'il s'emparera de l'Égypte, de la Libye et de l'Éthiopie, et s'enrichira de leurs dépouilles ; il s'emparera successivement des autres cornes en se soumettant les nations ; alors sa superbe s'enflera, et il s'élèvera contre

Dieu, le maître de l'univers ; commencera par attaquer Tyr et Beryte, et les contrées qui sont aux environs. Le bruit de la prise de ces villes glacera les autres de terreur, comme dit Isaïe[63] : « Sidon, rougis de honte, parce que cette ville, qui était la force et la gloire de la mer, dira dans sa ruine : Je n'ai point conçu, je n'ai point mis d'enfants au monde, je n'ai point nourri de jeunes gens, je n'ai point élevé de jeunes filles. Lorsque le bruit de la destruction de Tyr sera passé en Égypte, on sera saisi de douleur pour les maux de Tyr. »

LIII. Après ces premiers succès, mon cher Théophile, l'Antechrist voudra qu'on le regarde comme un Dieu ; voici ce qu'Ézéchiel dit à ce sujet[64] : « Parce que ton cœur s'est enflé, et tu as dit : Je suis Dieu ! » De même Isaïe[65] : « Tu as dit dans ton cœur : Je monterai dans le ciel, je placerai mon trône au-dessus des étoiles : je serai semblable au Très-Haut. Maintenant tu vas être précipité dans les enfers et dans les entrailles de la terre. » De même encore Ézéchiel[66] : « Tu diras à ceux qui te renverseront et t'écraseront : Je suis Dieu ! mais tu n'es qu'un homme, et tu n'es point Dieu. »

LIV. La venue de l'Antechrist et sa fin sont donc annoncées dans ces trois prophéties ; son nom s'y trouve, bien que d'une manière énigmatique. Voyons maintenant quelle sera sa conduite. Il rassemblera autour de lui tous les peuples de la terre, comme ses enfants, en leur promettant de rétablir leur patrie dans son ancienne puissance : il les flattera ainsi pour se faire adorer d'eux ; comme dit le prophète : « Il appellera vers lui tous les peuples, ses sujets, du couchant à l'aurore. Ils viendront en foule, ceux qui auront été appelés et ceux qui ne l'auront pas été. » Jérémie parle aussi de lui sous la métaphore d'un oiseau[67] : « Comme la perdrix couve des œufs qui ne sont point à elle, ainsi l'injustice s'enrichit du bien des autres par son injustice. Il quittera ses richesses au milieu de ses jours ; et sa fin sera la conviction de sa folie. »

LV. Il ne sera pas sans intérêt pour notre démonstration, de faire voir que ce n'est pas au hasard et sans raison que le prophète a employé cette métaphore de la perdrix, dont le caractère offre, par comparaison, l'image de celui de l'Antechrist : en effet, la perdrix est un oiseau orgueilleux, et qui, si elle vient à apercevoir dans le nid d'une autre perdrix des petits perdreaux, elle les attire en imitant le cri de leurs père et mère, qui sont allés chercher leur nourriture. Les petits perdreaux trompés par ces cris, viennent vers elle. Alors l'oiseau trompeur s'entoure de ces petits perdreaux qui ne lui appartiennent pas, et s'en glorifie comme s'ils étaient siens. Mais les père et mère des perdreaux étant revenus au nid, appellent leurs petits, qui reconnaissant leur voix, abandonnent l'oiseau qui les avait trompés pour se replacer sous leurs ailes. On voit donc que cette figure employée par le prophète s'applique parfaitement à la conduite de l'Antechrist : car il doit appeler à lui tout le genre humain, qu'il trompera en lui promettant la liberté et le bonheur, tandis qu'il ne saura pas se procurer à lui-même ces avantages.

LVI. Or, ayant rassemblé autour de lui tous les incrédules qui se trouveront répandus sur la surface de la terre, ils l'engageront et le presseront d'opprimer et de persécuter les saints leurs communs ennemis ; car, comme dit l'évangéliste[68] : « Il y avait, dans une certaine ville, un juge qui ne craignait point Dieu, et ne se souciait point de l'opinion des hommes. Et il y avait aussi dans la même ville une veuve qui venait souvent le trouver, en lui disant : Faites-moi justice de mon adversaire. Et il fut longtemps sans vouloir le faire. Mais enfin, il dit en lui-même : Quoique je ne craigne point Dieu, et que je n'aie point de considération pour les hommes, néanmoins parce que cette veuve m'importune, je lui ferai justice. »

LVII. Il est hors de doute que par ce juge d'iniquité, qui ne craint pas Dieu et qui méprise l'homme, il a voulu désigner l'Antechrist, qui est le fils du Diable et le vase de Satan. Dans sa puissance on le verra défier Dieu, ainsi que le Fils de Dieu, le vrai Juge de tous les hommes. En disant ensuite qu'il y aura une veuve dans la cité, il désigne Jérusalem, qui est veuve en effet, délaissée qu'elle est par son Époux céleste et parfait. Elle appelle donc un vengeur et un sauveur, ne comprenant pas les paroles de Jérémie, lorsqu'il a dit[69] : « Parce qu'ils n'ont pas voulu croire à la vérité, ce peuple ainsi que Jérusalem seront livrés à l'esprit d'erreur. » Et Isaïe, qui a dit dans le même sens[70] : « Parce que ce peuple a rejeté les eaux de Siloé, qui coulent paisiblement et en silence, et qu'il a mieux aimé s'appuyer sur Rosin et sur le fils de Romélie, le Seigneur fera fondre sur lui le roi des Assyriens avec toute sa gloire, comme de grandes et de violentes eaux d'un fleuve rapide. » Par la figure d'un roi, il veut désigner l'Antechrist, de la même manière qu'un autre prophète a dit[71] : « C'est lui qui sera notre paix ; lorsque les Assyriens seront venus dans notre terre, et qu'ils seront entrés jusque dans nos moissons, nous susciterons contre eux sept pasteurs et huit princes. »

LVIII. Bien plus, Moïse a tenu le même langage : lorsque, prévoyant que le peuple méconnaîtrait le véritable Sauveur, le repousserait et le rejetterait, et, s'abandonnant à l'erreur, préférerait un roi mortel au Roi immortel, il a dit[72] : « Toutes ces choses ne sont-elles pas renfermées, dit le Seigneur, dans les trésors de ma sagesse ; et ne les tiens-je pas scellées dans mes mystères ? C'est moi-même qui me vengerai, et je leur rendrai ce qui leur est dû. » Ce peuple est donc tombé d'erreur en erreur, et il n'a suivi la vérité en aucun point : il a été infidèle à la loi, puisqu'il l'a transgressée ; infidèle aux prophètes, puisqu'il les a mis à mort ; sourd à la voix de l'Évangile, puisqu'il a crucifié le Christ ; sourd à la voix des Apôtres, puisqu'il les a persécutés : enfin se montrant toujours l'ennemi et le persécuteur de la vérité, haïssant Dieu, appelant à chaque occasion un homme pour être son Sauveur, et faisant constamment cause commune avec les ennemis de la foi. C'est cet appui des méchants qui enflera d'orgueil l'Antechrist, et alors il enverra de tous côtés des ordres pour faire mettre à mort ceux qui préféreraient le culte de Dieu au culte de lui-même : et comme dit Isaïe[73] : « Malheur à la terre qui fait du bruit de ses ailes, qui est au delà des fleuves d'Éthiopie ; qui envoie ses ambassadeurs sur la mer, et les fait courir sur les eaux dans des vaisseaux de jong. Ils iront, messagers rapides, vers une nation divisée et déchirée, vers une nation qui attend et qui est foulée aux pieds. »

LIX. Pour nous, qui espérons dans le Fils de Dieu, nous souffrons en patience les persécutions de la part des infidèles. Car les ailes des navires, ce sont les Églises ; la mer, c'est le monde, sur lequel l'Église universelle est ballotée sans cesse comme sur des flots ; cependant elle échappe au naufrage ; car elle a, pour l'empêcher de périr, un pilote suprême qui est le Christ. Elle porte toujours avec elle un étendard, qui la préserve de la mort : c'est la croix du Christ. Elle est comme un vaisseau dont la proue est tournée vers l'Orient, et sa poupe vers l'Occident ; le corps du bâtiment regarde le Midi et le Nord ; les cloux de la croix, ce sont les deux Testaments ; les cordes qui sont autour, sont la figure de l'amour du Christ, dont il étreint son Église. Le bandeau de lin qui entoure son corps, c'est la fontaine de régénération, où les fidèles viennent raviver leur foi. Le vent qui pousse le navire, c'est le souffle puissant de l'Esprit saint, par lequel il marque de son sceau tous les Chrétiens. Il est aussi garni de ses ancres de fer, ce sont les commandements de Jésus-Christ, qui sont plus forts que le fer. Il a de plus autour de ses flancs des pilotes pour accompagner et protéger sa marche : c'est la cohorte des anges, qui sans cesse sont chargés de soutenir et de fortifier l'Église. Quant à l'échelle, qui sert pour monter jusqu'au grand-mât, elle est l'image de l'efficace passion du Christ, comme s'il attirait les fidèles sur ses degrés pour delà les faire marcher dans les cieux. Enfin, les étendards qui flottent sur les mâts, sont les emblêmes sacrés des prophètes, des martyrs et des apôtres, qui se reposent dans le royaume du Christ.

LX. Voici maintenant de quelle manière l'Apôtre Jean parle des horreurs de la persécution, que l'Antechrist suscitera contre l'Église[74] : « Il parut encore un grand prodige dans le ciel : c'était une femme qui était revêtue du soleil, et qui avait la lune sous ses pieds, et une couronne de douze étoiles sur sa tête. Elle était enceinte, et elle criait comme ressentant les douleurs de l'enfantement. Un autre prodige parut aussi dans le ciel ; c'était un dragon, qui s'arrêta devant la femme qui devait enfanter, afin que, lorsqu'elle aurait enfanté, il dévorât son fruit. Elle mit au monde un enfant mâle, qui devait régner sur toutes les nations. Et ce fils fut enlevé vers le trône de Dieu. Et la femme s'enfuit dans le désert, où elle avait un abri que Dieu lui avait préparé, et où elle devait demeurer mille deux cent soixante jours. Et le dragon, se voyant précipité en terre, poursuivit la femme qui avait mis au monde l'enfant mâle. Mais il fut donné à la femme deux grandes ailes d'aigle, afin qu'elle s'envolât dans le désert, où elle devait être nourrie un temps, des temps, et la moitié d'un temps, hors de la présence du dragon. Alors celui-ci lança de sa gueule, contre la femme, une grande quantité d'eau comme un fleuve, afin que ce fleuve l'entraînât et la submergeât. Mais la terre secourut la femme, et elle engloutit le fleuve que le dragon avait vomi de sa bouche. Le dragon, alors irrité contre la femme, alla faire la guerre à ses autres enfants, qui gardaient les commandements de Dieu et qui confessaient le Christ. »

LXI. Par la femme qui a le soleil pour vêtement, l'Apôtre désigne évidemment l'Église, comme enveloppée du Verbe de Dieu le Père, et qui est plus brillante que le soleil. Quant à la lune qui est sous ses pieds, c'est la figure de cette clarté céleste qui lui sert comme de parure. Et lorsqu'il ajoute, *elle porte sur sa tête une couronne de douze étoiles*, il désigne les douze Apôtres, qui sont les fondateurs de l'Église. Puis, quand il dit : « et elle pousse des cris, que lui arrache la douleur de l'enfantement, » il représente encore l'Église, qui ne cesse de porter le Verbe dans son sein, parce qu'au sein du monde il est poursuivi et persécuté par les infidèles. Il ajoute : « Et elle met au monde un enfant mâle, qui doit régénérer toutes les nations. » En effet, l'Église n'engendre-t-elle pas sans cesse le Christ, et cette race choisie, qui est chargée d'annoncer Dieu au monde et de le prêcher à toutes les nations. Enfin, en disant : « Son fils a été ravi jusqu'au trône de Dieu, » il veut parler du royaume céleste, qui se perpétue et se peuple sans cesse par l'Église, comme David l'a annoncé, quand il a dit[75] : « Le Seigneur a dit à mon Seigneur : Asseyez-vous à ma droite jusqu'à ce que je réduise vos ennemis à vous servir de marche-pied. » « Et il vit, continue Jean[76], que le dragon persécutait la femme qui avait mis au monde un enfant mâle. Et il fut donné à la femme deux grandes ailes semblables à celles de l'aigle, afin qu'elle s'envolât dans le désert, où elle demeure pendant un temps et des temps, et une moitié de temps, à l'abri des atteintes du serpent. » Il veut signifier les mille deux cent soixante jours (c'est-à-dire la moitié de la semaine), temps pendant lequel le tyran aura la domination suprême, où il persécutera l'Église s'enfuyant de cités en cités, se cachant dans la solitude des montagnes, n'ayant pour se soustraire à son ennemi que ces deux grandes ailes d'aigle dont il est parlé ; ces deux ailes sont encore la figure du Christ, dans le moment où, étendant ses mains sacrées sur la croix, à droite et à gauche, il appelle à lui tous les fidèles, semblable à une poule qui couvre ses petits de ses ailes. Car il dit, par la bouche du prophète Malachie[77] : « Le soleil de justice se lèvera pour vous qui avez une crainte respectueuse pour mon nom, et vous trouverez votre salut sous mes ailes. »

LXII. Or, le Seigneur a dit[78] : « Quand donc vous verrez que l'abomination de la désolation sera dans le lieu saint, que celui qui lit comprenne bien ce qu'il lit. Alors que ceux qui sont dans la Judée s'enfuient sur les montagnes. Que celui qui est sur le toit n'en descende point pour emporter quelque chose de sa maison. Et que celui qui sera dans le champ ne retourne point pour prendre ses vêtements. Mais malheur aux femmes qui seront enceintes ou nourrices dans ces jours-là. Car l'affliction de ce temps-là sera si grande, qu'il n'y en a point eu de pareille depuis le commencement du monde, et il n'y en aura jamais. Et si ces jours n'avaient été abrégés, nul homme n'aurait été sauvé. » Daniel dit aussi[79] : « Et l'abomination de la désolation durera pendant mille quatre-vingt-dix jours. Heureux celui qui pourra vivre jusqu'après ce temps. »

LXIII. Le bienheureux Apôtre Paul, écrivant à ceux de Thessalonique, s'exprime ainsi[80] : « Or, nous vous conjurons, mes frères, par l'avénement de notre Seigneur Jésus-Christ et par notre réunion avec lui, que vous ne vous laissiez pas facilement ébranler, et que vous ne vous troubliez pas en croyant sur la foi de quelque prophétie, de quelque discours, de quelque lettre qu'on nous attribuerait, que le jour du Seigneur soit près d'arriver. Ne vous laissez séduire par qui que ce soit ; car ce jour ne viendra point, que l'apostasie ne soit arrivée auparavant, et qu'on n'ait vu paraître l'homme de péché, cet enfant de la perdition, cet ennemi de Dieu, qui se prétendra plus grand que Dieu même, jusqu'à s'asseoir dans le temple de Dieu, voulant lui-même passer pour Dieu. Ne vous souvient-il pas que je vous ai dit ces choses, lorsque j'étais encore avec vous ? Et vous savez bien ce qui empêche qu'il ne vienne en ce moment, afin qu'il paraisse lorsqu'il en sera temps. Car le mystère d'iniquité se forme dès à présent ; et il faut que celui qui tient maintenant tienne encore, jusqu'à ce qu'il soit ôté du monde, et alors se découvrira l'hérésie que le Seigneur Jésus détruira d'un souffle de sa bouche, et qu'il anéantira par l'éclat de sa présence. Cet impie, qui doit venir accompagné de la puissance de Satan, avec toutes sortes de miracles, de signes et de prodiges trompeurs, et avec toutes les illusions qui peuvent porter au péché ceux qui périssent, parce qu'ils n'ont pas voulu accueillir dans leur cœur la vérité et la charité nécessaires pour le salut. C'est pourquoi Dieu leur enverra l'œuvre de l'erreur, et ils croiront au mensonge, afin que tous ceux qui n'ont point cru la vérité, mais qui ont consenti à l'iniquité, soient condamnés. »

Enfin, Isaïe dit : « L'impie a fait des actions injustes dans la terre des saints ; il ne verra point la gloire de Dieu[81]. »

LXIV. Lorsque ces choses arriveront, le temps qui s'écoulera pendant leur durée sera divisé en deux semaines d'années. Alors apparaîtra l'abomination de la désolation. Enfin, lorsque les deux prophètes et précurseurs du Seigneur auront accompli leur mission, le jour de l'embrasement général du monde sera proche ; et pour que tout soit consommé, il ne restera plus que la venue de notre Seigneur Jésus-Christ, dans lequel nous espérons. Il viendra pour livrer aux flammes et frapper du juste jugement tous ceux qui auront refusé de croire en lui. Car le Seigneur a dit : « Lorsque ces choses commenceront, levez les yeux en haut et regardez, parce que le jour de votre délivrance approche, et il ne tombera pas un seul cheveu de votre tête[82] ; comme la foudre qui s'élance de l'Orient et qui brille jusqu'à l'Occident, ainsi sera l'avénement du Fils de l'homme. En tout lieu où il y aura un cadavre, là s'assembleront les aigles[83]. » Or, il y a eu un cadavre dans le Paradis terrestre ; car c'est là qu'Adam est tombé dans le péché, et il ajoute : « Alors le Fils de l'homme enverra ses anges, et il assemblera ses élus des quatre vents du ciel[84]. » David également, quand il annonce la venue du Seigneur et son jugement, dit[85] : « Il part de l'extrémité du ciel ; il arrive jusqu'à l'autre extrémité ; et il n'y a personne qui puisse se soustraire à sa chaleur. »

Par *sa chaleur*, il désigne l'embrasement universel. Enfin, Isaïe[86] dit : « Allez, mon peuple, entrez dans le secret de votre maison ; fermez vos portes sur vous, et tenez-vous caché pour un moment, jusqu'à ce que ma colère soit passée. » Et saint Paul[87] : « On verra la colère de Dieu qui éclatera du haut du ciel contre l'impiété et l'injustice des hommes, qui cachent la vérité de Dieu sous l'injustice. »

LXV. Au reste, il faut voir comment parle Daniel au sujet de la résurrection et du royaume des cieux. Voici ce qu'il dit :[88] « Et toute la multitude de ceux qui dorment dans la poussière de la terre se réveillera, les uns pour la vie éternelle, et les autres pour un opprobre éternel. » Isaïe dit aussi[89] : « Ceux qui avaient été tués ressusciteront. Réveillez-vous de votre sommeil, et chantez les louanges de Dieu, vous qui habitez dans la poussière, parce que la rosée qui tombe sur vous est une rosée de lumière et de vie. » Et le Seigneur dit[90], par la bouche de saint Jean : « Les morts entendront la voix du Fils de Dieu, et ceux qui l'entendront vivront. » Et le prophète s'écrie : « Réveillez-vous, vous qui dormez, et levez-vous d'entre les morts, et le Christ vous illuminera de sa lumière[91]. » Saint Jean de même[92] :

« Heureux et saint celui qui a part à la première résurrection ; la seconde mort n'aura point de pouvoir sur lui ; car la seconde mort est un étang de feu. » Et le Seigneur ajoute encore : « Alors la gloire des justes sera aussi éclatante que la lumière du soleil[93], » et il dira aux élus : « Venez, les bénis de mon Père, possédez le royaume qui vous a été préparé depuis le commencement du monde[94], » et il dira aux méchants : « Allez, maudits, dans le feu éternel, qui a été préparé pour le diable et ses anges. » Or, saint Jean dit : « Seront exclus les luxurieux, les meurtriers, les fornicateurs et les homicides, les idolâtres, et tous ceux qui se livrent au mensonge et qui l'aiment[95] ; » car ils n'ont droit qu'au feu de l'enfer. Isaïe dit aussi dans le même sens[96] : « Ils sortiront pour voir les corps morts de ceux qui ont péché contre moi. Leur ver ne mourra point, et ils seront un objet de dégoût et d'horreur aux yeux de toute chair. »

LXVI. L'apôtre saint Paul, parlant à ceux de Thessalonique de la résurrection des justes, leur écrivait[97] : « Or, nous ne voulons pas, mes frères, que vous ignoriez ce que vous devez savoir touchant ceux qui dorment du sommeil de la mort, afin que vous ne vous attristiez point, comme font ceux qui n'ont pas d'espérance. Car, si nous croyons que Jésus est mort et ressuscité, nous devons croire aussi que Dieu amènera avec Jésus ceux qui se seront endormis en lui. Ainsi, nous vous déclarons, comme l'ayant appris du Seigneur, que nous qui sommes vivants, et qui aurons été réservés pour son avénement, nous n'irons point dans le sein de Dieu avant ceux qui dorment du sommeil de la mort. Car, aussitôt que le signal aura été donné par la voix de l'Archange, et par le son de la trompette de Dieu, le Seigneur lui-même descendra du ciel, et ceux qui seront morts en Jésus-Christ ressusciteront aussitôt. Ensuite, nous qui serons vivants, et qui aurons été réservés pour cet avénement, nous serons emportées avec eux dans les nuées, et ainsi, nous serons à jamais avec le Seigneur. »

LXVII. C'est ainsi, mon cher Théophile, que je viens de vous exposer toutes ces choses, dont j'ai puisé la connaissance dans les divines Écritures, afin qu'en observant fidèlement ce qui a été écrit, en vue de ce qui doit arriver, vous vous absteniez de toute offense, tant envers Dieu qu'envers les hommes, plein d'espérance dans votre salut et dans la gloire du Dieu notre Sauveur[98], lorsqu'il viendra avec ses Saints glorifier Dieu le Père. Gloire à lui dans les siècles des siècles. Ainsi soit-il.

---

1. ↑ II Timothée, VI, 20.
2. ↑ II *Ib.* II, 1.
3. ↑ II Thess. III, 2.
4. ↑ II Pet. I, 21.
5. ↑ I Reg. IX, 9.

6. ↑ Is. xli, 1. Math. xii, 18.

7. ↑ II Thess. ii, 8.

8. ↑ Joan. xviii, 37.

9. ↑ *Ib.* i, 29.

10. ↑ Joan. xi, 52.

11. ↑ *Ib.* ii, 19.

12. ↑ Gen. xlix, 8.

13. ↑ Isaïe, xi, 1.

14. ↑ Is. i, 21.

15. ↑ Psalm. iii, 6.

16. ↑ Gal. i, 1.

17. ↑ Joan. xv, 1.

18. ↑ Deut. xxxiii, 22.

19. ↑ Gen. xlix, 17.

20. ↑ Gen. iii, 1.

21. ↑ Jérém. viii, 16.

22. ↑ Is. x *et suiv.*

23. ↑ Isaïe, xiv, 4 et suiv.

24. ↑ Ézech. xxviii, 2.

25. ↑ Dan. ii, 13 et suiv.

26. ↑ Dan. vii, 2 et suiv.

27. ↑ *Ib.* vii, 9 et suiv.

28. ↑ Dan. vii, 13 et suiv.

29. ↑ Dan. vii, 21-22.

30. ↑ *Id.* ii, 34-35.

31. ↑ *Id.* vii, 13.

32. ↑ Math. xxviii, 18.

33. ↑ S. Petr. iii, 19.

34. ↑ Apoc. xvii, 9.

35. ↑ Isaïe, i, 7.

36. ↑ Timot. iv, 8.

37. ↑ Dan. vii, 4.

38. ↑ *Id.* i, 5.

39. ↑ *Id.,* vii, 6.

40. ↑ Is. xlvii, 1 et suiv.

41. ↑ Apoc. xvii, 1 et suiv.

42. ↑ Apoc. xviii, 6 et suiv.

43. ↑ Dan. ix, 27.

44. ↑ Apoc. xi, 3.

45. ↑ Is. liii, 2.

46. ↑ Luc, ix, 26.

47. ↑ Is. XXXIII, 17.
48. ↑ Dan. VII, 13.
49. ↑ Luc. I, 41.
50. ↑ Joan. I, 19.
51. ↑ Malach. IV, 5.
52. ↑ Luc, I, 17.
53. ↑ Apoc. XI, 3.
54. ↑ *Id.* XI, 3.
55. ↑ *Id.* XI, 4.
56. ↑ Dan. VII, 8.
57. ↑ Apoc. XIII, 11 et suiv.
58. ↑ Malach. I et II, 9.
59. ↑ Apoc. XIII, 18.
60. ↑ Dan. II, 41.
61. ↑ Gen. XIX, 32.
62. ↑ Is. XI, 14.
63. ↑ Is. XXIII, 4.
64. ↑ Ézéch. XXVIII, 6.
65. ↑ Is. XIV, 14.
66. ↑ Ézéch. XXVIII, 9.
67. ↑ Jérém. XVII, 11.
68. ↑ Luc, XVIII, 2.
69. ↑ Jérém. IV, 11.
70. ↑ Is. VIII, 6.
71. ↑ Mich. V, 4.
72. ↑ Deut. XXXII, 34.
73. ↑ Is. XVIII, 1.
74. ↑ Apoc. XII, 1 et suiv.
75. ↑ Ps. CXIX, 1.
76. ↑ Apoc. II, 3.
77. ↑ Malach. IV, 2.
78. ↑ Math. XXIV, 15.
79. ↑ Dan. XI, 31.
80. ↑ Thess. XI, 1 et suiv.
81. ↑ Is. XXVI, 10.
82. ↑ Luc, XXI, 28.
83. ↑ Math. XXIV, 26.
84. ↑ *Id.* XXIV, 31.
85. ↑ Dav. Ps. XVIII, 6.
86. ↑ Is. XXVI, 20.
87. ↑ Rom. I, 18.

88. ↑ Dan. XII, 2.
89. ↑ Is. XXVI, 19.
90. ↑ Joan. V, 25.
91. ↑ Éph. V, 14.
92. ↑ Apoc. XX, 6-14.
93. ↑ Math. XIII, 43.
94. ↑ *Id.* XXV, 34.
95. ↑ Apoc. XXI, 8.
96. ↑ Is. LXVI, 24.
97. ↑ Thess. IV, 13.
98. ↑ Tit. II, 13.